Joanna Lisiak

Wederendungen

Redewendungen.
andersherum.

Unter dem Gesichtspunkt, dass Redewendungen einen festen Bestandteil des sprachlichen Lexikons bilden, mögen die hier vorliegenden "Wederendungen" als Wagnis erscheinen – zumal Redewendungen eine Einheit bilden, deren Gesamtbedeutung sich nicht in Einzelteile zerlegen lässt –, würden die Ergebnisse dieser wörtlich gewendeten Redewendungen (beziehungsweise Redensarten, Idiome, bestehenden Phrasen etc.) auf ihre entrückende Weise nicht derart verblüffend ausfallen.

Joanna Lisiak versteht es – dabei unter Wahrung der festen Wortverbindungen – den allgemein bekannten Wortschatz auf neue Ebenen zu bringen und überraschende Kürzesttexte zu schaffen, indem sie herkömmliche Welten aufeinanderprallen lässt und sie in eine neue Wirklichkeit hebt. Ähnlich dem Kubismus in der Kunst, zerlegt und baut die Autorin Ausdrücke und Bilder zu neuen Bedeutungen und Metaphern zusammen und ermöglicht polyvalente Perspektiven auf vermeintliche Déjà-Vus.

Ob in Form von kleinen Seitenhieben und Minimalstgeschichten (erste geige spielen / auf die schiefe ebene geraten), ob in surrealen Ausprägungen (der edle / tropfen brannte / unter den nägeln), ob in entzückenden Bildern (der knoten platzt / klein / aber oho), Lisiak arbeitet assoziativ frei, wagt manchmal große Sprünge (den lauf der dinge / zwischen den zeilen / lesen), mal lässt sie lediglich kleine Verschiebungen einer scheinbar selben

Familie entstehen (sie war / in den besten händen / bedient). Die Texte vermögen neuartige Sinnsprüche darzustellen (der großen mehrheit / 1 / aufs dach geben) oder interpretieren Bilder, nicht selten auf abstrakte, störrische Weise (etwas ist im busch / vom rechten weg abgekommen). Verstaubt oder abgedroschen geglaubte Floskeln und Bilder werden zu neuem Leben erweckt (der springende punkt / ist der wunde).

Als Lyrikerin ist der Autorin sowohl der Umgang mit dem Zeilenumbruch geläufig (ich fress / einen besen um den gaumen / zu kitzeln) als auch das Spiel mit Sprache bestens vertraut (erst drehte er däumchen / dann im grab sich um).

Obschon die frechen Texte auch philosophisch oder weise sein können, bleibt Humor, der sich durch die Texte zieht, dem Leser kaum verborgen (mit sprung in der schüssel / tappte er / im dunkeln). Anrührendes kann eben auch tiefsinnige Charakterzüge tragen (dem grünschnabel / eine harte nuss / zu knacken geben), eine tragische Geschichte lakonisch auf zwei Zeilen Platz finden (den anfang vom ende / in kauf nehmen).

Die Deutsche Nationalbibliothek verzeichnet diese Publikation in der Deutschen Nationalbibliografie; detaillierte bibliografische Daten sind im Internet über dnb.dnb.de abrufbar.

Herstellung und Verlag: BoD – Books on Demand, Norderstedt, Deutschland.

ISBN 978-3-74483-505-3

Joanna Lisiak

Wederendungen

Redewendungen.
andersherum.

am seidenen faden
hängt gähnende leere

auf dem i
tüpfelchen
höre ich das
gras wachsen

auf messers schneide
haare spalten

geld auf die straße
geworfen in anderes licht
gerückt

hinter den kulissen
ist jeder seines glückes
schmied

aus dem fenster
gelehnt auf wolke
7 schweben

der geruch der großen
weiten welt
ein weißer fleck
auf der landkarte

sie streckte
ihre fühler aus
und machte
die fliege

mit frosch im hals
in den höchsten
tönen reden

mit zuckerbrot
und peitsche
ließ sie sich gehen
etwas

durch den kopf

auf leisen sohlen
auf zwei
hochzeiten tanzen

den dreck am stecken

auf dem präsentierteller

servieren

ratten verlassen

das sinkende schiff

lügen haben kurze beine

wie aus dem ei
geschält gingen sie
baden

um ein haar
von der masse
abheben

keinen schimmer
einer ahnung
läuft gänsehaut
über den rücken

die würfel sind
gefallen reif
für die insel

den alten zopf
auf sparflamme setzen

kopf in den sand
und wie
am schnürchen laufen

stecknadel
im heuhaufen links
liegen lassen

sich in letzter minute

das genick bre

chen

die kralle
zeigen auf teufel
komm raus

äpfel mit birnen
vergleichen das auge
isst mit

dem grünschnabel
eine harte nuss
zu knacken geben

mit sprung in der schüssel
tappte er im
im dunkeln

den anfang vom ende
in kauf nehmen

den lauf der dinge
zwischen den zeilen
lesen

seiltanz vollführen
mit links

der springende punkt
ist der wunde

sie war

in den besten händen

bedient

der knoten platzt

klein

aber oho

ich fress einen
besen um den gaumen
zu kitzeln

erst drehte er
däumchen dann
im grab
sich um

der edle
tropfen brannte
unter den nägeln

die beleidigte
leberwurst
in die länge
ziehen

knapp bei kasse
schlüpfte er
durch die maschen
des gesetzes

wer schön

sein will muss

alte rechnung begleichen

er hatte in petto
hand aufs herz

von kopf bis fuß
zappeln lassen

das gewisse

etwas auf der zunge

zergehen lassen

es wird mir zu
bunt wie auf nadeln
zu sitzen

einen korb geben

kleine ursache

große wirkung

sie war nicht von gestern
er war nicht von schlechten
eltern

er brachte es
zur sprache spanisch
kam ihr das vor

sie zog ihn durch
den kakao -
spaß muss sein

das zepter schwingen

wie auf eiern gehen

im nacken sitzen
zum haare ausreißen

mit öffentlicher hand
öl ins feuer gießen

in der blüte
seiner jahre
wog er sich
in sicherheit

mich laust der affe
für ein butterbrot

er lebte hinter
dem mond die sonne
brachte es an den tag

wie ein wirbelwind
keine grenzen kennen

sich warm anziehen:
hörner aufsetzen

die quadratur des kreises

mit der muttermilch

einsaugen

am nabel der welt
kippte er
aus dem anzug

liebe macht blind
lieber
heute als morgen

auf der ganzen linie
den braten riechen

löcher in die luft
über den daumen
peilen

kommt zeit
kommt rat
zeit ist
geld

etwas in den
falschen rachen kriegen
von nichts
kommt nichts

den rahm

abschöpfen

allererste sahne

besser spatz in der hand
als eine taube
auf dem dach du lieber
schwan

als 5. rad am wagen

kam er

aus dem konzept

sie glänzte

in abwesenheit

und machte das rennen

nach art des hauses
lügte er
wie gedruckt

was zuviel ist
ist zuviel
weniger wäre
mehr

dein wunsch ist
mir befehl
tu dir
keinen zwang an

nicht viele worte
machen:
nummer abziehen

im großen und ganzen
ging er ihr
nicht aus
dem kopf

mit weißer weste

sah er durch

die schwarze brille

er machte kleinholz
sie hielt
den spiegel vor

in die karten schauen

papier

ist geduldig

1.

schäfchen ins trockene

bringen

2.

faden wieder aufnehmen

mit speck
mäuse fangen
tempi pasati

kurz angebunden

ging er

ihr auf die nerven

in potemkischen dörfern
ist nicht gut
kirschen essen

als rädchen im getriebe
einen affenzahn
drauf haben

nach allen regeln
der kunst auf der nase
herumtanzen

aus gleichem holz
geschnitzt zum himmel
schreien

kalter kaffee
nicht die feine
englische art

von einem
extrem ins andere
dahin schmelzen

mit den wölfen
heulen viel lärm
um nichts

mit haaren auf den zähnen

aus der not

eine tugend machen

etwas ist
im busch
vom rechten weg
abgekommen

abwarten und tee
trinken soll man
außerdem
den tag nicht
vor dem abend loben

rückgrat zeigen gesund
wie ein fisch
im wasser

wie ein

geprellter frosch

guckte er aus

der wäsche dumm

von heute
auf morgen
ist er
aus dem nichts
aufgetaucht

watte in den ohren
hört sie
flöhe niessen

friede freude
eierkuchen
der zug
ist abgefahren

starken tobak

an der

nasenspitze ansehen

mit augenzwinkern
schlaf aus
den augen reiben

im horizontalen gewerbe
aufs beste
pferd setzen

in seine spuren
getreten blieb sie
auf der strecke

in den hintern
kriechen sein blaues
wunder erleben

sie weinte sich

die augen

aus

in eigener regie

holz anfassen
für die schublade

mit der achillesferse
ging er
aufs ganze

der schweigenden mehrheit
eins aufs dach geben

er hatte nach bestem
wissen und gewissen
einen

knall

erste geige spielen
und auf die schiefe
ebene geraten

im grünen bereich
sprang er über
seinen schatten

mit langem atem

raste er wie ein furz

auf der gardinenstange

nach lust und
laune hängt hier
der haussegen schief

mit den hühnern
aufstehen aber
keinen strich machen

irren ist menschlich –
noblesse oblige

schritt für schritt
das rad
der geschichte
zurückdrehen

sie stellte ihn
in den schatten den teufel
an die wand
malend

angewurzelt blieb
er stehen wie
bestellt und nicht
abgeholt

sie gab ihm

saures scharf

unter

die lupe genommen

die grüne witwe
an die große
glocke hängen

mit allen wassern
gewaschen nichts
anbrennen lassen

auf der zunge
trug er heute
was er sonst
auf dem
kasten hatte

von allen guten geistern

verlassen gab er

den löffel ab

wer andern
eine grube gräbt
schaut nicht über den
tellerrand hinaus

er wollte ihr die augen
öffnen da
legte sie ihm einen
maulkorb an

durch die blume

kam sie

ins reine

mit haut und haar
fuhr er aus
seiner haut heraus
und riskierte
seinen hals

eine laus kroch
ihm in den hintern
und dann
über die leber

er steckte bis
über den kopf
in arbeit da
fiel ihm der
zacken aus
der krone

fortuna lächelte
im evakostüm

ich habe hunger wie
ein wolf ich
könnte
bäume ausreißen

mit kalten füßen
den rang
ablaufen

den buckel
runterrutschen und
kein haar
krümmen

am busen der natur

klasse

statt masse

der funke
im pulverfass
brachte licht
ins dunkel

für gebranntes kind
durchs feuer gehen

köpfe zusammen stecken
ohren auf
empfang stellen

die notbremse
ziehen im schongang

wenn zwei sich streiten
ist dritter
über den berg

zur feier des tages
völlig neben sich stehen

hinten lyzeum
vorne museum
geteiltes leid
halbes leid

auf einen schlag
haare raufen

den mund fusselig reden
das letzte wort behalten

zelte abbrechen
wiedersehen
macht freude

von der muse
geküsst konnte er
kein auge zutun

durch die gosse
zog er
den kürzeren

strich

in der landschaft

dick

auftragen

aufs falsche gleis geraten

verstand er

bahnhof

er griff ihr
unter die arme
sie kringelte sich
vor lachen

den inneren
schweinehund überwinden
was nicht ist
kann noch werden

aus heiterem himmel
gefallen steht er
im raum

zeit tot schlagen
das ist
der reinste mord

ein mann ein wort
blinder alarm

staub aufwirbeln
so weit das auge reicht

der hahn im korb
sprach nicht
über die ungelegten eier

auf rosen gebettet

lag sie ihm

zu füßen

pulver
verschießen ins schwarze
treffen

zu tief
ins glas geschaut
sah er der gefahr
ins auge

sie hatte hüftgold
so half er ihr
auf die sprünge

die graue maus
war eigentlich
ein gutmensch

aha-erlebnis
daran führt
kein weg vorbei

er folgte
der stimme seines herzens
und ging flöten

dicke freunde
das fällt
ins gewicht

luft ablassen

alt aussehen

brotlose kunst
ein kapitel
für sich

ohren spitzen

aber

im rahmen bleiben

sich zur ruhe setzen
müdes lächeln
übrig haben

wandelndes lexikon

das bleibt

in der familie

5 vor 12

alle register ziehen

auf gleicher
augenhöhe hielten sie
sich über wasser

auf die palme gebracht
machte er
seinem ärger
luft

den stock verschluckt
saß er
in der tinte

dort wo alle
fäden zusammen laufen
konnte er
ein lied davon singen

im boden versunken
steckte er noch
in den kinderschuhen

die katze

aus dem sack

unter den tisch kehren

unter gutem stern
pluspunkte
sammeln

gleich und gleich
gesellt sich gern
der schein trügt

er schlug wurzeln
das schlug wellen

ohne mit der wimper
zu zucken die zähne
zeigen

darauf nahm sie gift

hinterher war sie

schlauer

tapeten wechseln
billig wegkommen

hin und her
gerissen

denn

weder   noch
fisch   fleisch

übers ziel hinaus

schießen knapp

vorbei ist auch daneben

zwischen
die zähne kriegen
bittere pille

er griff tief
ins portemonnaie
und machte
tabula rasa

da sie aß
wie ein spatz
stand sie auf

der kippe

grün vor neid
brachte sie
farbe ins spiel

ein mann ein wort
heißes pflaster

was sie nicht

im kopf hatte

musste sie

in den beinen haben

ohne   kein

fleiß   preis

mit den waffen einer frau

tanz

auf dem vulkan

die oberen

10'000 versinken

im erdboden

die neueste masche
schief gewickelt

sie kochte vor
wut selbst
ist die frau

aus dem häuschen
fäden ziehen

aus zweiter hand

ins gras beißen

er stampfte
aus dem boden
pilze schossen

die achillesferse
auf trab halten

danke für die blumen

von gestern

sich in die nesseln setzen –
ein bild für die götter

das gelbe vom ei
in die haare schmieren
und schwamm drüber

schwarzes schaf
an den haaren
herbeiziehen

ungelegte eier
auf die nase binden

alles hat
ein ende die hoffnung
stirbt zuletzt

Joanna Lisiak, geboren in Polen, lebt seit 1981 in der Schweiz. Diverse Einzelpublikationen: Lyrik, Kurzprosa und Dramatik. Zuletzt: „links wenn sie träumt", Lyrik, edition 8, Zürich sowie „Besonderlinge – Galerie der Existenzen I und II", Wolfbach, Zürich (2012, 2014). Außerdem zahlreiche Veröffentlichungen in Anthologien und Literaturzeitschriften. Joanna Lisiak schreibt Lyrik, Kurzprosa, Essays, dramatische Texte inklusive Hörspiele ("Mein Drache ist besoffen", produziert von DRS2).